Marika Stolpe, geboren 1963, ist Autorin und Fotografin. 1994 gründete sie mit ihrem Mann in Stockholm den Verlag Max Ström, in dem auch dieses Buch zuerst auf Schwedisch erschien.

Lars Pehrson, geboren 1957, ist einer der berühmtesten Tier- und Naturfotografen Schwedens. Ihm gelang dort bereits zweimal das »Foto des Jahres«.

Ida bei den Elefanten

Text von Marika Stolpe
Fotos von Lars Pehrson

Aus dem Schwedischen
von Brigitta Kicherer

Fischer Taschenbuch Verlag

Ich heiße Ida und bin 9 Jahre alt. John, mein bester Freund, ist nach Afrika gezogen, und dort durfte ich ihn einmal besuchen. Es war eine lange Reise. Mein Vater und ich flogen einen ganzen Tag, bis wir in einer großen, lärmenden Stadt ankamen, die Nairobi heißt. Wir fuhren zu John nach Hause, aber er war nicht da.

Ich ging los, um ihn zu suchen, und fand ihn auf dem Fußballplatz. Wir haben uns unheimlich gefreut, als wir uns wiedersahen, aber seine Freunde, die haben bloß gekichert, als wir uns umarmten. Kann es sein, dass Jungs in Afrika nicht mit Mädchen spielen?

Wir setzten uns ins Gras und erzählten uns, was alles passiert war, seit wir uns zuletzt gesehen hatten. John hatte etwas ganz besonders Aufregendes zu berichten – er durfte sich um ein Elefantenjunges kümmern.
»Draußen vor der Stadt liegt eine Station für kleine Elefanten. Wenn du willst, fahren wir morgen dahin«, sagte John.

Am nächsten Tag standen wir früh auf und fuhren zur Elefantenstation. Wir gingen durch ein großes Tor und kamen in einen Hof mit vielen Ställen.
»Hier wohnen sonst die kleinen Elefanten, aber jetzt sind sie gerade unterwegs«, sagte John. Dann entdeckte er in einem der Ställe einen Mann. »Mambo, Saya«, rief John. Hier sprechen die Leute Swahili, Mambo bedeutet ›Hallo‹ auf Swahili, und der Mann hieß Saya. Er war Tierpfleger.
»Mambo, John«, rief er zurück und lachte übers ganze Gesicht. John und Saya klatschten ihre Hände aneinander und sagten alles Mögliche, was ich nicht verstand.

»Die Elefantenjungen sind draußen im Wald«, erklärte mir John schließlich. »Aber Saya hat gesagt, dass mein Elefant Irima in die Savanne umgezogen ist, weit weg von hier.« Als John das sagte, klang er traurig.

Saya begleitete uns, um die Elefantenjungen zu suchen. Ich ging dicht hinter John. »Sei vorsichtig, hier gibt's wilde Tiere!«, rief John mir über die Schulter zu. Ich überlegte, was für wilde Tiere das wohl sein könnten. In Afrika gibt es Löwen. War es möglich, dass hinter diesem Gebüsch ein Löwe lauerte oder ein Nashorn? Wir folgten lange einem schmalen Pfad. Es war ziemlich heiß.

Plötzlich stießen wir auf acht kleine Elefanten und ihre Pfleger!
Ein paar der Elefanten waren richtig winzig, viel kleiner als ich. Die kleinen Elefanten kamen mit erhobenem Rüssel angerannt und stießen kurze, lustige Trompetentöne aus. Offensichtlich erkannten sie John wieder.
Ein paar waren größer als ich, sie rempelten mich an und zogen an meinem Rucksack und meinen Haaren!
»Die wollen bloß mit dir spielen«, sagte John lachend. »Wie freche kleine Kinder!«
Na, wirklich ganz schön frech, dachte ich und versuchte, sie zu streicheln. Doch da schubste mich das größte Elefantenjunge so fest, dass ich geradewegs in einen Busch flog!
»Wendi, NO!«, schrie Saya und scheuchte es weg. John lachte und half mir aus dem Busch herauszuklettern. Es hatte bloß ein bisschen weh getan.

Der allerkleinste Elefant stand da und wartete auf mich. Wollte er mich etwa auch schubsen? Aber er schien vor allem neugierig zu sein.
Ich streichelte ihn vorsichtig. Er hatte schwarze Haare auf dem Kopf und ganz liebe Augen. Seine Haut war dick, ziemlich hart und sehr schmutzig.
Ich befühlte den kleinen Elefanten, und er befühlte mich. Mit dem Rüssel beschnupperte er mein Gesicht und meine Haare und zog an meinen Kleidern. Als er mich am Nacken kitzelte, musste ich lachen. Da nahm er plötzlich Anlauf und schubste mich, dass ich umfiel!
John lachte. »Jetzt seid ihr Freunde, Madiba und du«, erklärte er. »Auf die Art spielen Elefantenjunge miteinander.« Na, wenn das so ist, werd ich's John und allen Elefantenjungen aber zeigen, dachte ich. Dann schubse ich eben zurück.

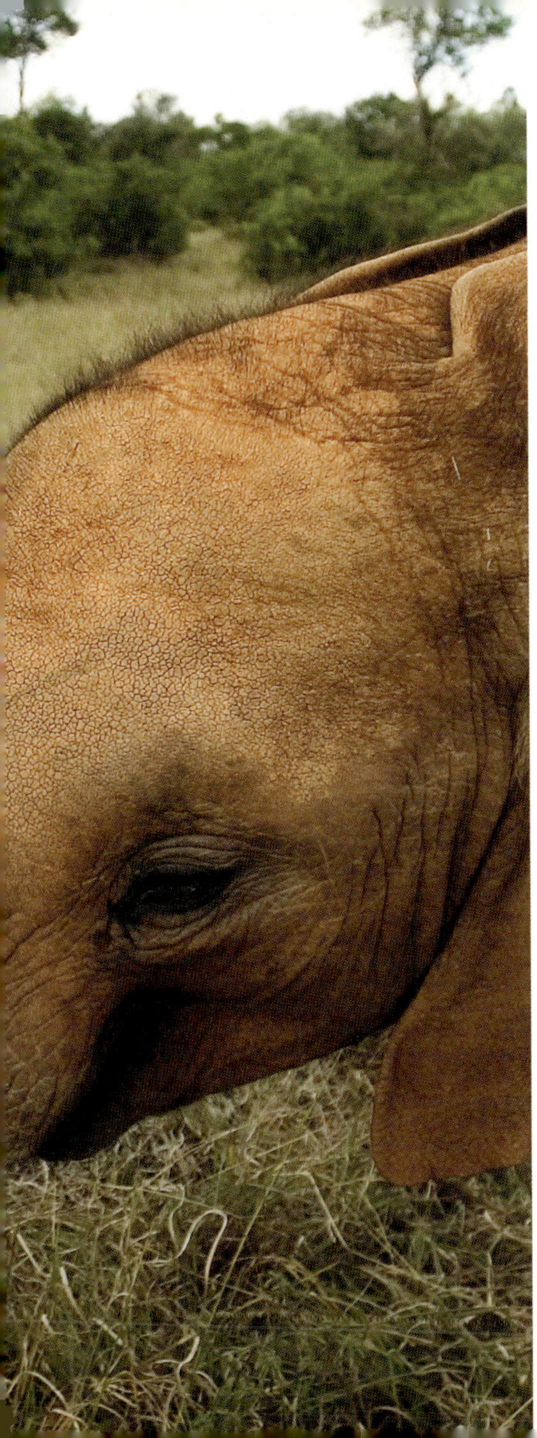

Aber Madiba spielte nicht bloß Schubsen. Er holte eine blaue Decke, in der er sich versteckte. Genau wie ein kleines Baby spielte er guck-guck! Ich streichelte ihn und pustete in seinen Rüssel. Das gefiel ihm. Dann wollte er an meinen Fingern saugen!

John holte seinen Fußball und fing an, mit den kleinen Elefanten zu spielen. Wendi, die mich ins Gebüsch geschubst hatte, kam angerannt und kickte den Ball mit dem Fuß davon. Ein paar andere kleine Elefanten kamen noch dazu, und schon war das Spiel im vollen Gang. Wendi packte den Ball mit dem Rüssel und rannte davon. »Foul! Den Ball mit dem Rüssel nehmen, das ist verboten!«, rief John. Als er den Ball erwischte, kickte er ihn mir zu. Ich kickte ihn zu Madiba, doch der schien überhaupt nicht zu begreifen, was er mit dem Ball anfangen sollte. Da kickte ihn stattdessen einer der größeren Elefanten davon. Die Elefantenpfleger lachten, und zum Schluss ließen auch John und ich uns vor lauter Lachen ins Gras fallen.

Wir saßen mit den Elefantenpflegern im Gras. John machte auf Swahili mit ihnen Witze, überhaupt machte er fast immer Witze. Ich verstand kein Wort von dem, was sie sagten, aber John übersetzte es.
Er nannte die Tierpfleger Elefantenmütter. Die Elefantenjungen waren alle auf der Station, weil sie keine Elefantenmutter hatten, die sie versorgte. Hier durften sie bleiben, bis sie ungefähr ein Jahr alt waren, dann zogen sie in die Savanne zu den wilden Elefanten. Das hatte Johns Elefant getan.
Als John das erwähnte, sah er betrübt aus.
»In die Savanne ist es weit. Ich werde Irima nicht mehr so oft wie bisher treffen können. Es ist sogar möglich, dass er mich nicht mehr erkennt, wenn er erwachsen ist«, sagte John traurig.

Plötzlich bekam ich einen Riesenschreck! Was kam denn da für ein Tier aus dem Gestrüpp? Es sah überhaupt nicht wie ein Elefantenjunges aus. Es war ein kleines Nashorn!
»Das hier ist Shiba«, stellte John es vor. »Er ist erst drei Monate alt, genau wie Madiba.« Wir streichelten Shiba. Er hatte einen niedlichen kleinen Knubbel auf der Schnauze.

Madiba kam zu mir und legte sich neben mich. Elefantenbabys brauchen nämlich Mittagsschlaf. Wir streichelten ihn, bis er einschlief.

Am nächsten Tag durfte ich wiederkommen und Saya bei der Pflege von Madiba helfen! John konnte nicht mitkommen, weil er zu einem Fußballspiel musste. Ich verstand kaum etwas von dem, was die Tierpfleger sagten, aber das machte nichts. Sie lachten und zeigten mir stattdessen, was ich tun sollte.

Im Stall durfte ich beim Saubermachen und Spülen helfen und beim Zubereiten des Milchbreis für die kleinen Elefanten. Der Milchbrei musste perfekt sein, sonst weigerten sich die Elefantenjungen, ihn zu fressen.

Die Elefantenjungen durften jeden Tag in den Wald. Dort lernten sie, welche Blätter und Pflanzen man fressen kann, dass man trinken und den Schatten aufsuchen muss, wenn es zu heiß wird, und dass man sich vor gefährlichen Tieren in Acht nehmen soll. Die Elefantenpfleger zeigten ihnen alles, was die richtigen Elefantenmütter den Kleinen sonst beigebracht hätten.

Wenn die kleinen Elefanten miteinander spielten, ging es wild zu. Sie wälzten sich auf dem Boden, schubsten sich und kletterten aufeinander herum.

Ich lernte es zurückzuschubsen, aber als Wendi, das größte Elefantenjunge, zu fest schubste, sagte ich: »Wendi, NO!«, genau wie Saya. Ich hatte schließlich keine Lust, unter einem ganzen Elefanten begraben zu werden. Und Wendi gehorchte mir tatsächlich!

In der Mittagszeit gingen wir zu einer großen Schlammpfütze. Das gefiel den Elefantenjungen! Sie lieben es, sich im Schlamm zu wälzen, und die Elefantenpfleger und ich warfen Eimer voller Schlamm über sie.

Als die Elefanten zu Ende gespielt hatten, kamen Warzenschweine, die auch in den Schlamm hüpfen wollten. Aber vor Shiba, dem kleinen Nashorn, hatten sie Respekt. Er verscheuchte die Warzenschweine immer sofort – Schlammbaden war auch eines seiner Lieblingsspiele!

Abends mussten die kleinen Elefanten Decken überziehen und in den Stall zurückkehren. Wir banden die Decken unter ihren Bäuchen fest, dann durfte ich sie nach Hause führen.

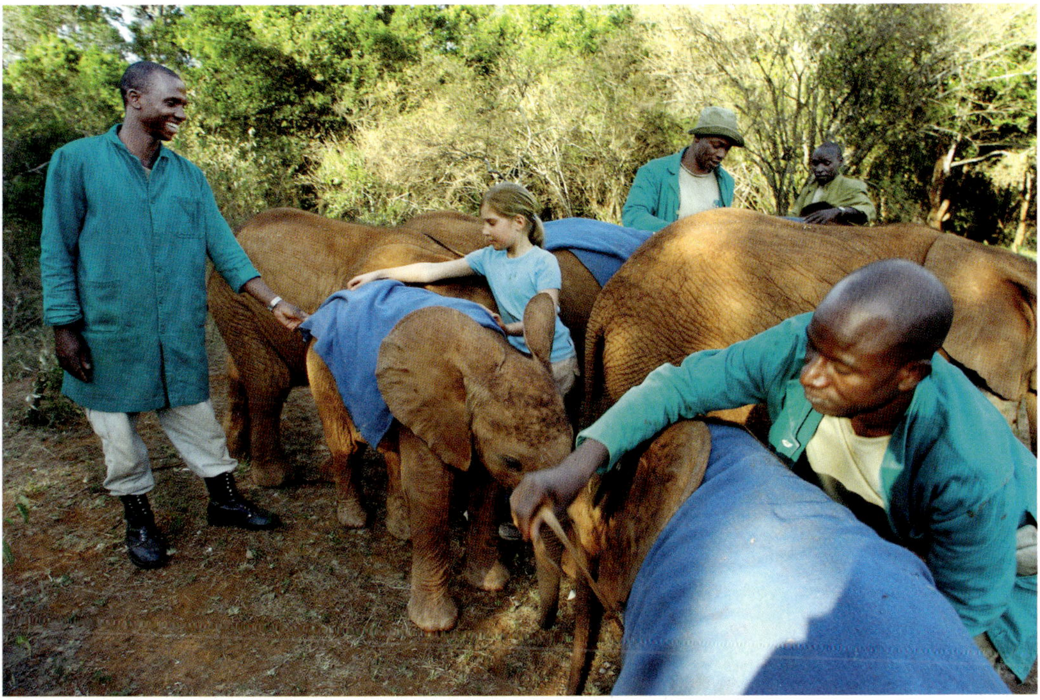

Sie liefen in einer Reihe hinter mir her und hatten es unglaublich eilig, nach Hause zu kommen! Ich musste aufpassen, damit nicht sämtliche kleine Elefanten über mich herpurzelten.

Die Elefantenjungen wussten genau, in welcher Box sie wohnten, und rannten schnell hinein, um auf ihren Milchbrei zu warten. Ich durfte Madiba füttern, doch das war so schwierig, dass der meiste Brei danebenlief!
Dann mussten die kleinen Elefanten schlafen. Jedes Elefantenjunge hatte einen Tierpfleger, der die ganze Nacht bei ihm schlief, genau wie die richtige Mutter das auch getan hätte.

Allerdings war es gar nicht so einfach, sie zum Einschlafen zu bringen.
Sie machten lauter Unfug und streckten sich über die Wände der Boxen hinweg die Rüssel entgegen. Die Tierpfleger seufzten. Würden die Kleinen denn nie einschlafen? Als Madiba endlich doch eingeschlafen war, kletterte ich in seine Box, setzte mich neben Saya und trank mit ihm Tee. Hier drin, neben dem schlafenden Elefantenbaby, fand ich es urgemütlich.

John hatte mir erzählt, dass Madiba verlassen neben einem Fluss gefunden worden war. Er hatte eine große Wunde am Kopf, wahrscheinlich von einem Löwen. An Heiligabend war er in die Elefantenstation gebracht worden, fast wie ein Weihnachtsgeschenk für die Tierpfleger.

Ich fuhr jeden Tag zur Elefantenstation, um Madiba zu pflegen. Aber eines Tages passierte etwas Schlimmes! In der Savanne war ein ganz kleines Elefantenbaby gefunden worden, von Löwen schwer verletzt, und das sollte jetzt in die Station geflogen werden. Die Elefantenjungen waren draußen im Wald, aber im Stall war nichts wie sonst. Die wartenden Pfleger waren besorgt. Eine Box wurde saubergemacht, und alle liefen unruhig hin und her. Wo blieb das verletzte Junge nur?

Plötzlich kam im Eiltempo ein Auto auf den Hof gefahren. Auf der Ladefläche stand ein winzig kleines Elefantenbaby. Es wurde in die Box getragen, wo die Pfleger ihm gleich Milchbrei einflößten. Es war erst zwei Wochen alt, und seine Mutter hatte nicht geschafft, es vor den Löwen zu schützen.

Ein Tierarzt kam und versorgte seine Wunden. Ich schaute dem Elefantenbaby in die Augen. Sie waren fast blau.

In dieser Nacht durfte ich in der Elefantenstation bleiben und bei Madiba schlafen, weil die Pfleger sich um den kleinen Neuankömmling kümmern mussten.
Es war sehr aufregend, Madiba ganz allein schlafen legen zu dürfen. Ich musste lange warten, bis er einschlief, weil er wie immer eine Menge Unfug trieb. Als endlich schlief, legte ich mich neben ihn. In der Box war es warm und schön, aber ich konnte nicht einschlafen. Madiba bewegte sich immer wieder, und ich machte mir Sorgen um den kleinen Elefanten, der so schlimm verletzt war. Bestimmt hatte er große Angst, und seine Mutter war jetzt wohl sehr traurig.

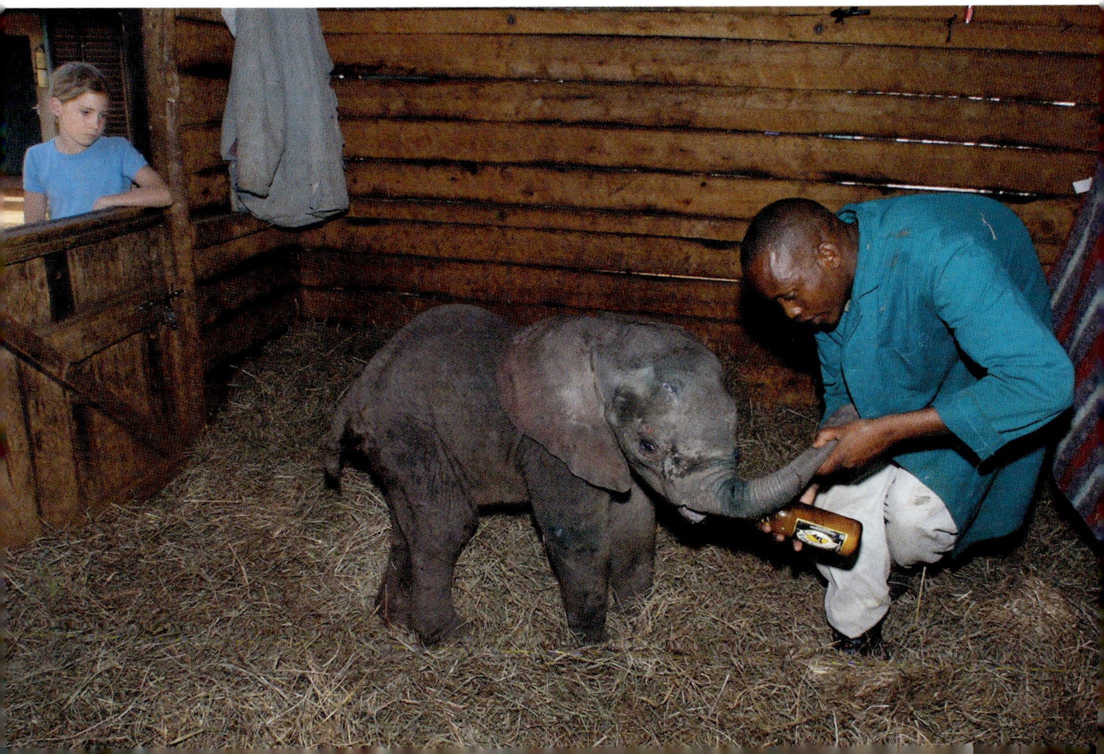

Als ich am nächsten Morgen aufwachte, war John da. Er erzählte, dass der kleine Elefant in der Nacht gestorben war. Ich weinte, und die Elefantenpfleger waren alle sehr betrübt.
»Aber jetzt hat er wenigstens keine Schmerzen mehr«, sagte John. »Fast alle Elefantenjungen sind verletzt, wenn sie hierherkommen, und die meisten werden gesund. Man muss an die denken, die hier sind und denen es gutgeht.«
Ja, Madiba war auch von einem Löwen verletzt worden und wieder gesund geworden. Ich führte die Elefantenjungen wie immer in den Wald. An diesem Tag waren alle sehr traurig, bis auf die kleinen Elefanten. Die begriffen nicht, was passiert war, sondern fanden das Leben genauso lustig wie immer.

Am Abend erzählte John, dass er in die Savanne fahren würde, um seinen Elefanten Irima zu besuchen. Aber davor würde er eine Safaritour machen und wilde Tiere beobachten. Er fragte, ob ich mitkommen wollte.
Und ob ich das wollte!

Es wurde eine lange Reise. Wir fuhren mit dem Auto, bis Städte und Dörfer weit hinter uns lagen. Draußen in der Savanne leben Menschen in Lehmhütten. Sie werden Massai genannt, haben Kühe und tragen Kleider in schönen Farben.

Wir wohnten in einem Zelt. Vor dem Zelt brannte eine Laterne, um die Tiere fernzuhalten. Bevor ich einschlief, lag ich da und horchte auf alle Geräusche. Es raschelte, wisperte und knackte. Wer war da draußen wohl alles unterwegs? Zum Glück saß ein Mann vor dem Zelt und bewachte uns vor gefährlichen Tieren.

Wer wilde Tiere sehen will, muss morgens sehr früh aufstehen. Später am Tag, wenn die Sonne hoch am Himmel steht, wird es heiß, und dann verziehen sich die Tiere in den Schatten. Draußen war es noch dunkel, und ich war total verschlafen, aber trotzdem sehr gespannt.
Wir durften in ein Auto mit einer riesigen Dachluke einsteigen, und dann ging es los. Ganz allmählich tauchte die Sonne über dem Horizont auf. Am Wegrand saßen Affen.
In alle Himmelsrichtungen hatten wir eine weite Aussicht. Ein großer Berg reckte sich in den Himmel. Dieser Berg heißt Kilimandscharo und ist so hoch, dass sein Gipfel schneebedeckt ist, obwohl er mitten in Afrika liegt.
Eine lange Reihe Zebras zog in der Ferne vorbei. Im Sonnenaufgang sahen sie fast wie Scherenschnitte aus.
Eine große Gnu-Herde bewegte sich sachte über die Savanne.
»Die Gnus haben schon immer so ausgesehen – seit der Urzeit«, flüsterte John mir zu.

Die Sonne stieg höher. Wir sahen große Nashörner durchs Gras wandern. Ihre spitzen Hörner erinnerten kein bisschen an Shibas kleinen Knubbel. Es fiel mir schwer, mir vorzustellen, dass er eines Tages genauso groß werden würde.
Giraffen sahen wir auch. Mit ihren langen Hälsen weideten sie die Blätter der Baumwipfel ab. Immer mal wieder tauchte eine Gazellen- oder Antilopenherde auf. Zwei Hyänen strichen mit gebeugten Rücken vorüber. Die eine hielt ein Büffelhorn im Maul!
Wir fuhren an einem See vorbei, in dem ein Nilpferd lag und uns verwundert nachschaute.

Plötzlich sahen wir eine Gepardenmutter mit ihrem Jungen. »Der Gepard ist das schnellste Tier der Welt!«, flüsterte John aufgeregt. »Er kann 100 km in der Stunde rennen!«
Der kleine Gepard war jedenfalls das niedlichste Tierkind, das ich je gesehen hatte!

Schließlich kamen wir an einen Aussichtshügel, auf den wir hinaufklettern konnten. Vom Gipfel aus sah man die ganze Savanne, und weit hinten erblickte ich Elefanten, unterwegs zum Baden in einem Tümpel.

Plötzlich bewegte sich etwas auf dem Boden vor meinen Füßen: eine gefleckte Schlange, die eine Eidechse im Maul hielt! Nur der Körper schaute noch heraus. Wie angewurzelt blieben wir stehen und schauten zu, wie die Schlange die ganze Eidechse verschluckte. Dann rannten wir schnell zum Auto zurück.

Nachdem wir eine Zeitlang gefahren waren, stießen wir auf eine Elefantenfamilie. Das Auto hielt an, und wir blieben mucksmäuschenstill sitzen. Die Herde bestand aus vielen großen und kleinen Elefanten, die mit schweren Schritten direkt auf uns zukamen. Die größten Elefanten hatten jeder zwei lange weiße Stoßzähne, nur der allergrößte nicht. Er hatte nur einen. Jetzt waren sie ganz nahe an unser Auto herangekommen. Ein Junges, das an Madiba erinnerte, hüpfte mit wedelnden Ohren um die großen Elefanten herum. Seine Mutter passte gut auf es auf und sah uns streng an. Ich musste einfach losprusten. John stieß mich an. »Pssst!«, machte er.
Zwei etwas größere Elefantenjunge rempelten sich an, nahmen Anlauf und rannten aufeinander los, genau wie die kleinen Elefanten auf der Elefantenstation.

Der größte Elefant, der mit dem einen Stoßzahn, hob seinen Rüssel und stieß ein kurzes »Tuut« aus. Wir verstanden gleich, was er meinte. Wir standen im Weg! Unser Fahrer ließ sofort den Motor an und fuhr rückwärts davon. Es ist immer ratsam, das zu tun, was ein Elefant einem zu verstehen gibt!
Die Elefanten zogen mit großen, schweren Schritten weiter und verschwanden in der Savanne.
John erklärte, das seien die Mütter mit ihren Kindern gewesen. Die Elefantenbullen seien noch größer, würden aber allein durch die Savanne ziehen.

Kurz darauf sahen wir eine Löwenfamilie! Die Sonne war noch weiter am Himmel hochgeklettert, und da lagen sie in der Hitze – zwei halbwüchsige junge Löwen. Die Mutter lag ein gutes Stück weiter weg, und hinten zwischen den Bäumen stand der große Löwenvater. Wir konnten die Löwenfamilie lange beobachten.
Sie schien sich kein bisschen für uns zu interessieren.
Es war ein Löwe gewesen, der das Elefantenbaby getötet und Madiba verletzt hatte. Löwen sind gefährlich!

Als wir zum Zeltlager zurückfuhren, sahen wir einen einsamen Elefantenbullen. John hatte recht, der Bulle war viel größer als die Elefantenkühe. Würde der kleine Madiba tatsächlich einmal so groß werden?

An diesem Abend schrieb ich alles, was ich gesehen und erlebt hatte, in mein Tagebuch.

Am nächsten Tag setzten wir unsere Reise zu Johns Elefant Irima fort.
»In der Elefantenstation leben die kleinsten Elefantenjungen«, erklärte John. »Die etwas größeren leben in der Savanne. Sie müssen lernen, dort alleine zurechtzukommen.«
»Dann ist die Elefantenstation ein Kindergarten und die Savanne eine Schule«, sagte ich.
»Ja, so kann man es auch nennen.«

Dann kamen wir an die Stelle, wo die größeren Elefantenjungen leben. Hier war die Erde ganz rot. John war so aufgeregt, dass er kaum stillsitzen konnte. Wir stiegen schnell aus dem Auto, um uns auf die Suche nach Irima zu machen.
Die Elefanten hier waren viel größer als die in der Station. John und ich hielten uns eng nebeneinander. Ich sagte mir immer wieder, dass diese Elefanten ja mit Menschen aufgewachsen und daher überhaupt nicht wild waren. Aber Angst hatte ich trotzdem.

Wir suchten lange nach Irima. John wurde immer unruhiger. Vielleicht war Irima gar nicht mehr hier. Wenn die Elefanten älter werden, ziehen die meisten zu den wilden Elefanten hinaus und kommen nur ab und zu zurück, um ihre menschlichen Freunde zu besuchen.

Wir gingen zu einem See, wo mehrere Elefanten im Schlamm badeten.
Sie wälzten sich, trompeteten und rollten sich im Schlamm hin und her, genau wie auf der Elefantenstation. Plötzlich hörten wir einen lauten Trompetenstoß. Und da, inmitten all der Elefanten, erhob sich einer von ihnen und streckte den Rüssel in die Luft.
»Das ist Irima!«, schrie John.

Am liebsten hätte er sich wohl zu den Elefanten in den Schlamm gestürzt, aber zum Glück machte er das nicht, sondern wartete, bis Irima groß und schlammbedeckt aus dem Wasser kam.

Wir spielten den ganzen Tag mit Irima, vor allem Fußball. Das konnte Irima besonders gut. Und das war ja auch kein Wunder, wenn man bedenkt, wie oft er schon mit John Fußball gespielt hatte.

Am Abend verabschiedeten wir uns von Irima und umarmten ihn. John war glücklich, weil er einen ganzen Tag mit ihm hatte verbringen dürfen!

Dann kehrten wir nach Nairobi zurück. Johns Schule fing wieder an, und ich musste bald nach Hause fahren.

Als ich in die Elefantenstation zurückkam, freute sich Madiba so sehr, dass er fast einen Kopfstand machte. Ich umarmte ihn ganz fest und erzählte ihm von der Savanne und den wilden Elefanten. Madiba legte den Kopf schief und schien mir zuzuhören. Ich erzählte, dass er später auch mal in die Savanne kommen und bei den wilden Elefanten leben würde. Meine Erzählung strengte Madiba wahrscheinlich ein bisschen an, er legte sich nämlich bald ins Gras und schlief ein. Ich legte mich neben ihn und lehnte meinen Kopf an seinen Rücken. Bevor ich einschlief, war mein letzter Gedanke: Einen Elefanten als Freund zu haben, ist was Schönes.
Glaubst du, dass er mich wiedererkennen wird, wenn er groß ist? Ich jedenfalls glaube das, ich habe nämlich gelernt, dass ein Elefant niemals etwas vergisst.

Der Elefant

Wie groß ist ein Elefant?
Der afrikanische Elefant ist das größte landbewohnende Säugetier. Ein sechsjähriges Elefantenjunges wiegt ca. 1000 kg und hört nie auf zu wachsen. Eine Elefantenkuh kann bis zu 3500 kg wiegen und ein großer Bulle bis zu 7000 kg – so viel wie vier Autos!

Gibt es verschiedene Elefantenarten?
Es gibt drei Elefantenarten: den afrikanischen Waldelefanten, den afrikanischen Savannenelefanten und den indischen. Alle drei sind miteinander verwandt. Der afrikanische Elefant ist höher und größer als der indische und hat größere Ohren und Stoßzähne. Der indische Elefant lässt sich zähmen und wird als Arbeitstier im Wald eingesetzt. Der afrikanische Elefant lässt sich nicht zähmen – er will wild sein!

Wo leben die Elefanten?
Die afrikanischen Elefanten leben im mittleren Teil von Afrika, wo es am wärmsten ist. Am wohlsten fühlen Elefanten sich eigentlich zwischen Bäumen und im Wald, aber sie halten sich auch in offeneren Gegenden auf, die in Afrika Savanne genannt werden. Sie bleiben jedoch nie an einem bestimmten Ort, sondern wandern auf der Suche nach Nahrung und Wasser ständig umher.

Wie alt kann ein Elefant werden?
Fast genauso alt wie ein Mensch, bis zu 70 Jahre alt.

Ist der Rüssel wie eine Nase?
Sowohl ja als auch nein. Der Rüssel ist eine gemeinsame Verlängerung der Oberlippe und der Nase. Der Elefant atmet durch den Rüssel, genau wie durch eine normale Nase, und nimmt durch den Rüssel auch Gerüche wahr.

Warum hat der Elefant einen Rüssel?
Der Rüssel ist ein sehr brauchbarer Körperteil. Er kann fast wie eine Hand benützt werden. Mit den kleinen Zipfeln am äußersten Ende des Rüssels kann der Elefant Blumen pflücken, zärtlich streicheln und Futter wie Laub und Gras sammeln. Wenn der Elefant trinken will, saugt er das Wasser mit dem Rüssel auf und spritzt es sich ins Maul. Die Elefanten unterhalten und begrüßen sich auch mit dem Rüssel und benützen ihn, wenn sie kämpfen.

Ist der Rüssel stark?
Unglaublich stark! Der Elefant kann damit seine Jungen hochheben, aber auch Bäume mit den Wurzeln herausreißen. Außerdem kann er sich mit dem Rüssel verteidigen – angreifende Raubtiere können damit weggeschleudert und sogar getötet werden.

Warum haben die Elefanten so große Ohren?
Um gut zu hören, aber auch, um sich Luft zuzufächeln oder Insekten wegzuwedeln. Die Ohren sind auch ein Warnsignal. Ausgeklappte Ohren bedeuten: »Geh mir aus dem Weg!«

Warum haben Elefanten Stoßzähne?
Die Stoßzähne sind vielseitig verwendbar. Zum Beispiel können die Elefanten damit nach Wasser graben. Aber sie funktionieren auch als Waffe gegen Raubtiere – und außerdem kann der Elefant seinen schweren Rüssel auf den Stoßzähnen ausruhen. Die Stoßzähne wachsen sein Leben lang und können schließlich sehr lang und schwer werden. Stoßzähne galten zu allen Zeiten als sehr wertvoll, und ihretwegen sind Elefanten immer schon gejagt worden. Das ist auch der Grund, warum der Elefant vom Aussterben bedroht ist.

Warum hat der Elefant so seltsame Füße?
Die Füße des Elefanten sind schlau konstruiert. Sie haben dicke, dehnbare Fußsohlen, die größer werden, wenn der Elefant darauf steht, und sich zusammenziehen, wenn er den Fuß hebt. Dadurch kann der Elefant weich und leise auftreten und sich gut anschleichen. Außerdem sinkt er nicht so tief ein, wenn er durch sumpfiges Gelände geht.

Hat der Elefant eine harte Haut?
Nein, eigentlich nicht. Die Haut ist zwar sehr dick, ungefähr 1,5 cm, daher wird der Elefant mitunter als »Dickhäuter« bezeichnet. Aber seine Haut ist extrem empfindlich, weil sein ganzer Körper mit winzig feinen Härchen bedeckt ist. Elefanten spüren sofort, wenn jemand sie auch nur mit einer Feder berührt – und sind manchmal geradezu kitzlig.

Wie unterhalten sich die Elefanten?
Vor allem mit dem Rüssel. Die unterschiedlichen Trompetentöne drücken Wut, Freude, Angst und so weiter aus. Aber die Elefanten können auch schnauben und brüllen, ja, sie geben sogar Töne von sich, die fast an Gebell erinnern. Außerdem brummen und knurren sie in Form von Ultraschall geheime Töne, die nur Elefanten hören können und mit denen sie sich über große Entfernungen verständigen.

Was fressen Elefanten?
Die Jungen werden gesäugt, bis sie 3–4 Jahre alt sind. Ältere Elefanten fressen Zweige und Blätter, am liebsten von der Akazie. Aber ihr Lieblingsessen besteht aus allen Arten von Obst. Ein ausgewachsener Elefant frisst jeden Tag Hunderte von Kilos an Zweigen, Blättern, Gras und Obst!

Wie sieht eine Elefantenfamilie aus?
Elefanten sind Herdentiere. Eine Herde besteht aus mehreren Müttern und vielen Kindern, insgesamt aus ungefähr 10–11 Tieren. Erwachsene Bullen gehören meistens nicht dazu. Innerhalb der Herde verhalten sich die Elefanten zärtlich und hilfsbereit zueinander, zum Beispiel streicheln sie sich oft gegenseitig mit dem Rüssel. Wenn ein Elefant krank oder verletzt wird, versuchen die anderen, ihm zu helfen.

Wer bestimmt in der Herde?
Jede Herde hat eine Anführerin, die man Matriarchin nennt. Sie ist die Älteste und Klügste, eine Art Obermutter, der alle gehorchen.

Ihre Mutter und Großmutter haben ihr beigebracht, wie man die Herde vor Raubtieren schützt, wie man Nahrung und Wasser findet und wie man ungezogene Jungtiere erzieht.

Und wo bleiben all die erwachsenen Elefantenbullen?
Wenn die männlichen Jungelefanten 11–15 Jahre alt sind, verlassen sie die Herde und bilden mit anderen jungen Bullen eigene Gruppen. Und wenn sie später erwachsen sind, ziehen sie meistens alleine durch die Savanne. Aber wenn es an der Zeit ist, suchen sie eine Herde auf, um sich mit einer Elefantenkuh zu paaren.

Andere Tiere, die in der Savanne leben

Der afrikanische Büffel ist ungefähr so groß wie eine normale Kuh, hat aber viel größere Hörner. Büffel leben in großen Herden, die manchmal aus Hunderten von Tieren bestehen. Büffel unterhalten sich mit ähnlichen Tönen wie Kühe. Bis auf den Menschen sind die Löwen die einzigen Feinde der Büffel.

Der Schabrackenschakal ist ungefähr so groß wie ein hochbeiniger Fuchs. Schabrackenschakale kommen ziemlich häufig und paarweise in der afrikanischen Savanne vor. Sie fangen und fressen alles Mögliche, von Insekten und Früchten bis zu Wühlmäusen und jungen Gazellen. Außerdem sind sie, wie Geier und Hyänen, auch Aasfresser.

Gnus sind eine Antilopenart. Kein anderes Tier dieser Größe lebt in so großen Gruppen zusammen. In der afrikanischen Savanne, sowohl in Ost- wie auch in Südafrika, gibt es vermutlich einige Millionen Gnus. Und alle diese Tiere wandern jedes Jahr zwischen verschiedenen Weidegebieten hin und her. Ein Gnu ist ungefähr so groß wie ein kleines Pferd und kann bis zu 100 kg wiegen. Es hat ziemlich große Hörner und einen langen Bart.

Paviane sind gesellige Affen, die in Gruppen von hundert Tieren und mehr leben. Sie können mit den Händen Früchte schälen und Nüsse knacken. Paviane sind ziemlich schlau und sehr lernfähig. Zum Beispiel gab es einen Pavian, der an einem Bahnhof in Südafrika die Zugsignale bediente.

Der Strauß ist der größte Vogel der Welt. Er kann aber nicht fliegen, weil er viel zu kleine Flügel hat. Dafür kann er mit seinen langen, kräftigen Beinen sehr schnell rennen, und das Männchen kann sogar genauso fest zutreten wie ein Pferd. Es wird behauptet, der Strauß würde den Kopf in den Sand stecken, weil er sich verstecken will. Aber in Wirklichkeit sucht er nur nach Futter, das aus Pflanzen und kleinem Getier besteht.

Krokodile halten sich in der Nähe von Süßwasser auf und sind Raubtiere, die neben Vögeln und Fischen fast alle Arten von Tieren bis zur Größe eines Büffels fressen. Ist das Krokodil auf der Jagd, liegt es oft direkt an der Wasseroberfläche auf der Lauer. Wenn eine Antilope oder ein Zebra ein Gewässer durchquert, kann es so von einen Krokodil erlegt werden. Die meisten Krokodile sind 1 – 3 Meter lang, aber es gibt Exemplare, die eine Länge von 5 – 6 Metern erreichen!

Nilpferde verbringen die Tage im Wasser, nur nachts gehen sie an Land, um Gras zu fressen. Ihr Gewicht beträgt bis zu zwei Tonnen, daher sehen sie an Land sehr plump aus, aber im Wasser sind sie geschickte Schwimmer. Nach dem Elefanten ist das Nilpferd das schwerste afrikanische Tier. An und für sich dürfte das Nilpferd nicht gefährlich sein, da es ja nur Gras frisst. Aber wenn man zum Beispiel einem Nilpferd, das zum Wasser will, in die Quere kommt, riskiert man, niedergetrampelt zu werden. Auch im Wasser können Nilpferde ziemlich wild sein.

Die Giraffe kann bis zu fünf Meter hoch werden. Den langen Hals braucht sie, um an die Blätter der Akazienbäume heranzukommen. Das Sehvermögen der Giraffe ist am besten ausgebildet, und weil sie von ihrer Höhe aus eine so gute Aussicht hat, kann sie frühzeitig Gefahren erkennen. Die Giraffe hat die längsten Augenwimpern aller afrikanischen Tiere – damit spürt sie, ob sie oben im Baum einer Dorne zu nahe kommt, und kann noch rechtzeitig blinzeln, bevor das Auge verletzt wird.

Der Löwe ist das stärkste Raubtier der Savanne. Dennoch liegt er meistens nur dösend im Gras. Löwen jagen nur, wenn sie Hunger haben, und manchmal finden sie es einfacher, anderen Raubtieren die Beute zu stehlen. Die männlichen Löwen sind zwar am größten, aber die tüchtigsten Jäger sind trotzdem die Löwinnen. Wenn die Beute erlegt ist, kommen die männlichen Tiere dazu und bedienen sich. Im Unterschied zu anderen Katzentieren leben Löwen gerne im Rudel.

Die Thomsongazelle ist eines der häufigsten Tiere in der Savanne und etwas kleiner als ein Reh. Sie kann sehr schnell rennen – und das hat sie auch nötig, weil sie sehr viele Feinde hat. Am gefährlichsten sind ihr der Gepard, denn Thomsongazellen sind seine Lieblingsbeute.

Das Zebra ist ein pferdeähnliches Tier, das in riesigen Herden lebt. Die Streifen des Zebras sind eine Art Tarnung. Wenn sie sich schnell bewegen, fällt es den Raubtieren schwer, zu erkennen, welches Tier sie angreifen sollen. Bisher hat noch niemand geklärt, ob das Zebra weiß ist und schwarze Streifen hat oder ob es schwarz mit weißen Streifen ist …

Das Nashorn fühlt sich in der Nähe von Wasser besonders wohl. Allzu große Hitze scheint es nicht zu mögen, dann wälzt es sich oft im Schlamm, um eine schützende Schlammverpackung zu kriegen. Seine Augen sind nicht besonders gut, aber dafür hört es gut und hat einen hoch entwickelten Geruchssinn. Das Nashorn frisst nur Blätter, Gras und andere Pflanzen. In manchen Ländern glaubt man, aus dem Horn des Nashorns lasse sich besonders wirkungsvolle Medizin herstellen. Daher werden die Tiere von vielen Wilderern gejagt und sind auch vom Aussterben bedroht.

Die Hyäne erinnert fast an einen Hund, gehört aber zu den Katzentieren. Im Verhältnis zu ihrer Größe hat die Hyäne ein ungewöhnlich kräftiges Gebiss. Am liebsten jagt sie in der Nacht. Hyänen machen ziemlich viel Lärm. Sie schreien und heulen, und wenn sie angegriffen werden, klingt es, als würden sie hysterisch lachen.

Der Gepard hat längere Beine als der Leopard und ist das schnellste Säugetier der Welt. Ein Gepard kann mit einer Stundengeschwindigkeit von über 100 km rennen. Allerdings nicht allzu lange, sondern nur, wenn er ein Beutetier einholen will. Geparden lassen sich gut zähmen, und im 16. Jahrhundert hielten sich manche arabische Fürsten und reiche Inder zahme Geparden für die Antilopenjagd.

Das Warzenschwein ist eine Art Wildschwein, das sich von Wurzeln und Pflanzen ernährt. Die Warzenschweine lieben es, sich im Schlamm zu wälzen, und haben ständig Durst. Daher halten sie sich nie in allzu großer Entfernung von Wasserstellen auf. Beim Rennen streckt das Warzenschwein seinen Schwanz hoch in die Luft – fast wie ein Ausrufezeichen.

Danke an alle, die bei der Arbeit an diesem Buch mitgewirkt haben: Daphne Sheldrick und alle Tierpfleger im David Sheldrick Wildlife Trust in Nairobi und Tsavo, die Familie Guidetti, Adrian Pehrson, Anna Carin Nyberg, Anna-Karin Andersson, Nike und Vilhelm Stolpe Wikström, Jeppe Wikström, Ellen und Teresa Kärrström, Christina, Mattias und Miranda Nilsson.
Schließlich noch ein ganz großes Dankeschön an Ida und John für ihren mutigen Einsatz in Afrika!

Wenn du ein Elefantenjunges adoptieren oder dich ausführlicher über den David Sheldrick Wildlife Trust informieren willst, findest du weitere Informationen unter www.sheldrickwildlifetrust.org oder unter der Adresse: The David Sheldrick Wildlife Trust, Nairobi National Park Workshop Entrance, Magadi Road, Nairobi, Kenia, Tel: +254 20 891 996

Folgende Organisationen engagieren sich ebenfalls für den Schutz der bedrohten Tiere Afrikas: der World Wildlife Funds (www.wwf.de), die Zoologische Gesellschaft Frankfurt von 1858 e. V. (www.zgf.de) sowie der Internationale Tierschutz-Fonds, Hamburg (www.ifaw.de)

Sämtliche Aufnahmen wurden im David Sheldrick Wildlife Trust in Nairobi, im Tsavo Nationalpark sowie im Masai Mara und im Amboseli Nationalpark, Kenia, gemacht.

Fischer Schatzinsel
www.fischerschatzinsel. de

Veröffentlicht im Fischer Taschenbuch Verlag,
einem Unternehmen der S. Fischer Verlag GmbH,
Frankfurt am Main, Januar 2010

Lizenzausgabe mit freundlicher Genehmigung des Moritz Verlages,
Frankfurt am Main
Die schwedische Originalausgabe erschien 2005
unter dem Titel ›Ida & Elefanterna‹ bei Bokförlaget Max Ström, Stockholm

Satz: Im Verlag auf InDesign CS3
Druck und Bindung: Kösel, Krugzell
Printed in Germany
ISBN 978-3-596-80910-3

Nach den Regeln der neuen Rechtschreibung

Hund, Katze, Kuh

Hannah kann ihr Glück kaum fassen: Die Kuhwiese von ihrem Biobauernhof wird zum Rummelplatz! Prompt taucht Will in Hannahs Klasse auf. Seiner Familie gehört das Kettenkarussell, und er ist ganz bestimmt anders als alle, die Hannah kennt. Leider ist Hannahs Freundin Lisa ziemlich beleidigt, als Hannah plötzlich ständig mit Will zusammensteckt. Und dann geht zu allem Überfluss auch noch das Kettenkarussell kaputt – aus der Traum vom Rummelplatz! Aber Hannah und Will geben nicht auf ...

Susanne Lütje
Radieschen & Co. –
Rummel auf dem Biohof
Mit Bildern von
Marina Rachner
272 Seiten, gebunden

Fischer Schatzinsel

Millie reist weiter

Dagmar Chidolue
Millie in Berlin
Band 80747

Dagmar Chidolue
Millie in New York
Band 80647

Dagmar Chidolue
Millie auf Kreta
Band 80537

Dagmar Chidolue
Millie in Ägypten
Band 80939

Liliane Susewind ist da!

Tanya Stewner
Liliane Susewind
Mit Elefanten
spricht man nicht!
176 Seiten, gebunden

Tanya Stewner
Liliane Susewind
Tiger küssen
keine Löwen
224 Seiten, gebunden

Tanya Stewner
Liliane Susewind
Delphine in Seenot
224 Seiten, gebunden

Tanya Stewner
Liliane Susewind
Schimpansen macht
man nicht zum Affen
240 Seiten, gebunden

Fischer Schatzinsel

Die drei !!!